AF460279

DE L'ÉTUDE DES LANGUES EN GÉNÉRAL, ET DE LA LANGUE LATINE EN PARTICULIER.

ESSAI ſervant de Préface à un Extrait de Pline deſtiné aux Commençants.

Par M. M*** P. du Collége de Langres.

A LANGRES,

Chez PIERRE DEFAY, Imprimeur du Roi.

M. DCC. LXXVII.

ÉTUDE

DES LANGUES.

TOUS les Auteurs de quelque réputation, qui ont eu occasion de parler de l'étude des langues, se sont unanimement décidés pour la traduction. Je ne citerai pas toutes leurs autorités : je ferois un volume bien gros, bien ennuyeux, & partant bien inutile. Je n'ai pas d'ailleurs tous les ouvrages qui traitent de cette matiere, soit *ex professo*, soit par occasion. Je me bornerai donc à ceux qui se trouvent actuellement sous ma main, & je ne suivrai d'autre ordre que celui des temps.

MONTAIGNE.

Essais, liv. 1. chap. 25. vers la fin.

C'est un bel & grand agencement, sans doute que le grec & le latin, mais on l'achete trop cher. Je dirai ici une façon d'en avoir meilleur marché que de coutume, qui a été essayée en moi-même : s'en servira qui voudra. Feu mon pere ayant fait toutes les recherches qu'homme peut faire parmi les gens ſavans & d'entendement, d'une forme d'inſtitution exquiſe, avant le premier dénouement de ma langue, me donna en charge à un Allemand, du tout ignorant de notre langue, & très bien verſé dans la latine. Celui-ci en eut auſſi avec lui deux autres moindres en ſavoir, pour me ſuivre & le ſoulager. Ceux-ci ne m'entretenoient d'autre langue que latine. Quant au reſte de ſa maiſon, c'étoit une régle inviolable que ni lui-même, ni ma mere, ni valet, ni chambriere, ne parloient en ma compagnie, qu'autant de mots de latin que chacun avoit appris pour jargonner avec moi. C'eſt merveille du fruit que chacun y fit : mon pere & ma mere y apprirent aſſez de latin pour l'entendre, & en acquirent à ſuffiſance pour s'en ſervir à la néceſſité, comme firent auſſi les autres domeſtiques, qui étoient plus attachés à mon ſervice. Sommes nous nous latiniſames tant qu'il en regorgea juſqu'à nos Villages tout au tour. Quant à moi, j'avois plus de ſix ans, avant que j'entendiſſe non plus de François ou de Perigordin, que d'Arabeſque; & ſans art, ſans livre, ſans grammaire ou précepte, ſans fouet & ſans larmes, j'avois appris du latin, tout aussi pur que mon Maître le savoit.

Cependant, comme ceux que presse un furieux desir de guerison, se laissent aller à toute sorte de conseils, mon pere, ayant extrême peur de faillir en chose qu'il avoit tant à cœur, se laissa enfin emporter à l'opinion commune, qui suit toujours ceux qui vont devant, comme les grues, & m'envoya environ mes six ans au Collége de Guyenne, très-florissant pour lors, & le meilleur de France. Mais tant y a que c'étoit toujours Collége. Mon latin s'abâtardit incontinent, duquel depuis par désacoutumance, j'ai perdu tout usage. Et ne me servit cette mienne inaccoutumée institution, que de me faire enjamber d'arrivée aux premieres classes. Car à treize ans que je sortis du Collége, j'avois achevé mon cours (qu'ils appellent) & à la vérité sans aucun fruit, que je puisse à présent mettre en compte.

D. LANCELOT, Bénédictin.

Méthode Grecque, Préface.

Il y a une extrême différence entre la maniere de traiter d'une langue qui vit encore, & celle de l'enseigner, lorsqu'elle n'est plus dans l'usage; & la grammaire n'eſt jamais moins parfaite, que lorſque la langue l'eſt davantage, parce que l'uſage ſupplée preſque à tout ce que l'art pourroit deſirer ſur ce ſujet. Auſſi nous voyons que les Romains n'avoient rien plus en recommandation pour ſe perfectionner en cette langue, (la Grecque,) que d'envoyer leurs enfans étudier à Athenes, afin d'en remporter toute la pureté & la délicateſſe : ce qui a duré encore longtemps après la ruine de leur république. *

En effet les langues ne s'apprennent que par un long uſage & une grande

---

* Quoique toutes ces facilités permiſſent aux Romains d'apprendre le grec, à un point dont nous ne ſaurions approcher, Horace n'a pas laiſſé de qualifier de folie la fantaiſie qu'il avoit eu de faire des vers grecs.

Ego cum Græcos facerem, natus mare citra,
Verſiculos, tali vetuit me voce Quirinus
Poſt mediam viſus noctem, cum ſomnia vera,
In ſilvam non ligna feras inſanius, ac ſi
Magnas Graiorum malis implere catervas.

C'eſt dans ce même eſprit que Quintilien conſeilloit aux Romains de mettre auprès de leurs enfants des perſonnes qui parlaſſent le grec, & leur expliquaſſent les ouvrages écrits dans cette langue. Il n'y a donc eu qu'une ſeule façon de penſer à cet égard chez tous les peuples policés ; car les Grecs s'en tenant à leur langue, n'ont pas eu occaſion de s'expliquer ſur cette queſtion.

assiduité, si l'on veut s'en rendre maître & les posséder parfaitement. Et comme nous ne pouvons plus converser avec des Grecs qui parlent la langue Grecque dans sa pureté, il faut se renfermer dans les livres, & converser durant un long-temps avec ces illustres morts, pour en remarquer les beautés, les expressions nobles, les mots purs ou particuliers, le tour, la phrase, le style, la pensée, & nous y rendre toutes choses familieres.

LE P. LAMI, de l'Oratoire.

ENTRETIENS SUR LES SCIENCES.

Quatriéme Entretien.

Pour apprendre une langue étrangere facilement, il faut employer les moyens naturels, c'est-à-dire, ceux par lesquels les enfans apprennent la langue de leurs parens, ce qui se fait de la sorte. En même-temps que certains objets se présentent à leurs yeux, comme le pain, le lait, un chien, l'eau, le feu, & les autres choses qui sont ordinaires, ils en entendent prononcer le nom par leurs parens. L'idée de ces objets se lie ainsi avec celle de leurs noms; de sorte que toutes les fois que ces objets se présentent, l'idée de leur nom les accompagne; & comme l'homme ſe porte par ſa nature à imiter, & faire ce qu'il voit faire, un enfant à l'occaſion de ces objets, prononce les noms qu'il a entendus pluſieurs fois, & parle comme ſon pere & ſa mere : ainſi, ſi ceux qui approchent de lui ont un langage pur, il parle très-purement.

Les langues étrangeres s'apprennent de la même maniere, lorſque l'on converſe avec ceux qui les parlent, & cela ſe fait plus facilement par l'uſage que par l'étude qui eſt pénible & déſagréable. C'eſt pour cette raiſon que pluſieurs ne pouvant approuver cette voie longue & ennuyeuſe, par laquelle on fait marcher les enfans une douzaine d'années pour ſavoir le latin, ont deſiré ſouvent qu'il y eût des lieux où l'on rendît la langue Latine comme populaire. Ce deſir eſt raiſonnable, mais ce que l'on ſouhaite eſt difficile.

Néanmoins cela n'empêche pas que l'uſage ne doive être le grand Maître des langues. Un Maître accommode à nos mots François les mots Latins, qui ſignifient la même choſe, ou bien on a une traduction Françoiſe d'un Auteur Latin, diſpoſée d'une telle maniere que le Latin réponde au François. En conférant ſouvent ces deux langues, enfin après un long exercice, la langue Latine ſe lie avec la Françoiſe, & par cet uſage on l'apprend.... * Après ces premiers exercices, on continue de lire les Auteurs Latins, qui ont écrit purement.

Quand je me ſouviens de la maniere qu'on m'a enſeigné, il me ſemble qu'on me mettoit alors la tête dans un ſac, & qu'on me faiſoit marcher à coups de fouets, me châtiant cruellement toutes les fois que n'y voyant point, j'allois de travers.

LOCKE.

Éducation des Enfans, ſect. 23. art. 168 & ſuivans.

Je regarde le Latin comme abſolument

* Dans ce que j'omets ici, le Pere Lami montre qu'on pourroit abſolument ſe paſſer de grammaires, mais que cependant elles peuvent être utiles, lorſqu'on s'en ſert à propos. Il prouve auſſi qu'elles doivent être écrites en françois; car on s'acharnoit alors à vouloir apprendre le latin aux enfans par le moyen de méthodes écrites en latin, comme on s'acharne aujourd'hui à vouloir les en inſtruire en commençant par les thémes. Et cet acharnement étoit alors ſi violent, que le Pere Lami crut devoir compoſer avec l'ignorance, & conſentir que la ſeconde partie de la grammaire fut écrite en latin. Voilà ta maniere de faire ô homme! Et tu t'appelles un être raiſonnable.

néceſſaire à un enfant de bonne maiſon ; mais la méthode dont on ſe ſert ordinairement dans les écoles pour l'enſeigner, eſt telle, qu'après l'avoir examinée, je ne ſaurois me réſoudre à en conſeiller la pratique. Les raiſons qu'on peut apporter contre cette méthode, ſont ſi claires & ſi preſſantes, que pluſieurs perſonnes de bon ſens, en ayant été frappées, ont effectivement abandonné la route ordinaire, ce qui ne leur a pas mal réuſſi, quoique la méthode qu'ils ont employée, ne fût pas tout à-fait la même que celle qui me paroît la plus facile de toutes ; & qui pour le dire en peu de mots, conſiſte à enſeigner le Latin aux enfans, comme ils apprennent l'Anglois, ſans les embarraſſer de régles, ni de grammaire : car ſi vous y prenez garde, lorſqu'un enfant vient au monde, le Latin ne lui eſt pas plus étranger que l'Anglois : & cependant il apprend l'Anglois ſans Maître, ſans régles & ſans grammaire. Il apprendroit ſans doute le Latin de la même maniere, s'il avoit toujours auprès de lui une perſonne qui lui parlât cette langue. Et après qu'on a vu ſi ſouvent parmi nous qu'une femme Françoiſe enſeigne à une jeune fille à parler & à lire parfaitement en François dans un ou deux ans, ſans le ſecours d'aucune régle de grammaire, & sans faire autre chose que lui parler cette langue, je ne puis assez m'étonner que les gens de qualité, ayent négligé de se servir de cette méthode pour leurs garçons.

Si donc vous pouvez trouver une personne qui sache bien parler latin, & qui veuille se tenir toujours auprès de votre fils, lui parler & le faire parler réglément cette langue, ce seroit là le moyen le plus naturel & le plus aisé de la lui enseigner.... Mais si vous ne pouvez point trouver de Précepteur qui parle bien Latin, prenez quelque livre aisé & agréable, comme vous diriez les fables de Phedre, & après avoir écrit une ligne d'une de ces fables, traduite en Anglois aussi littéralement qu'il est possible, avec les mots Latins écrits dans une autre ligne précisément sur les mots Anglois auxquels ils répondent, faites-lui lire & relire ces deux lignes chaque jour, jusqu'à ce qu'il entende parfaitement bien les mots Latins. Faites-lui lire après cela une nouvelle Fable, selon la même méthode, jusqu'à ce qu'il l'entende aussi parfaitement bien, sans pourtant négliger ce qu'il a déjà appris exactement, mais le lui faisant répéter quelquefois, afin qu'il ne l'oublie pas. Et lorsqu'il vient à écrire, donnez-lui ces

Fables à copier, par où non-ſeulement il exercera ſa main, mais il avancera dans la connoiſſance de la langue Latine.

Si votre fils eſt deſtiné à aller à une Ecole publique pour y apprendre le Latin, tâchez d'obtenir, ſi vous pouvez, qu'on ne lui faſſe point faire de diſcours en Latin, ou du moins de vers de quelque ſorte qu'ils ſoient. Pour ce qui eſt des diſcours, je ſais que la coutume qu'on a dans les Ecoles d'en faire compoſer aux enfans, eſt fondée ſur le prétexte de leur apprendre à parler poliment & exactement ſur toute ſorte de ſujets; ce qui ſeroit, je l'avoue, fort conſidérable, ſi on pouvoit y venir par ce moyen-là; mais je ſoutiens que les diſcours qu'on a accoutumé de faire faire aux enfans dans les Ecoles, ne ſervent point du tout à cela. Vous n'avez pour en être convaincu, qu'à conſidérer à quoi eſt obligé un jeune enfant dans ce cas-là; c'eſt à compoſer un diſcours ſur quelque ſentence Latine, comme celle-ci, *omnia vincit amor*, ou cette autre, *non licet in bello bis peccare*. Et le pauvre enfant qui n'a aucune connoiſſance des choſes dont il doit parler (ce qui ne s'acquiert qu'avec le temps & à force de réflexions,) eſt obligé de mettre ſon eſprit à la torture, pour trouver quelque choſe à dire ſur un ſujet qui lui eſt entierement inconnu, en quoi les Maîtres traitent les enfans d'une maniere à peu près auſſi tyrannique que Pharaon traita les Iſraëlites, en leur ordonnant, pour ainſi dire, de faire des briques avant qne d'avoir des matériaux. Avant qu'un homme ſoit capable de traiter un ſujet, il faut néceſſairement que ce ſujet lui ſoit connu; ou du moins c'eſt une auſſi grande folie de l'obliger à en parler, que d'obliger un aveugle à parler des couleurs, ou un ſourd de muſique.

Conſidérez enſuite quelle eſt la langue dont les enfans ſe ſervent pour compoſer ces ſortes de diſcours; c'eſt la langue Latine, c'eſt-à-dire, une langue étrangere dans leur pays, & qui depuis longtemps, n'eſt plus en uſage en aucun endroit du monde; une langue en laquelle votre enfant n'aura de ſa vie occaſion de faire un diſcours, après être devenu homme fait: car pour un homme qui eſt obligé à cela, il y en a mille qui ne ſe trouvent jamais dans cette néceſſité; une langue enfin dont les expreſſions ſont ſi différentes de celles de notre langue, qu'une perſonne qui en connoîtroit toutes les fineſſes, n'auroit gueres plus de diſpoſitions à parler Anglois plus purement & plus facilement.

Vous me direz peut-être qu'on ne fait composer des discours aux enfans qu'afin qu'ils apprennent mieux le Latin. Mais ces sortes de compositions ne servent nullement à cela. Elles occupent entierement l'esprit des enfans à inventer ce qu'ils pourront dire, & non à distinguer la signification des mots qu'ils doivent apprendre ; de sorte que lorsqu'ils font ces discours, ils ne songent qu'à chercher des pensées, sans se mettre en peine du langage.

Si cela peut servir à montrer combien est déraisonnable la coutume établie dans les Ecoles, de faire faire aux enfans des discours Latins, j'ai bien plus de choses à dire, & des choses beaucoup plus importantes, contre la méthode qu'on y pratique, de les obliger à faire des vers latins de quelque sorte qu'ils soient. Car si un enfant n'a point de génie pour la poésie, rien n'est plus déraisonnable que de le tourmenter & lui faire perdre son temps, en lui faisant faire une chose où il ne peut jamais réussir; & s'il a naturellement de la disposition à faire des vers, c'est à mon sens, quelque chose de fort étrange, qu'un pere souhaite ou permette que son fils cultive & perfectionne ce talent. . . . Mais si quelqu'un s'avise de regarder la poésie comme une étude dans laquelle il souhaite que son fils se perfectionne, parce qu'elle est propre à lui élever l'esprit, & lui remplir l'imagination de belles idées, il faut du moins qu'il tombe d'accord, que dans cette vue son fils fera beaucoup mieux de lire les bons Poëtes Grecs & Latins, que de faire de méchans vers de lui-même dans une langue qui ne lui est pas naturelle. Et je ne saurois croire qu'un homme qui veut exceller dans la poésie Angloise, puisse se figurer que pour en venir là, il doit commencer par faire des vers Latins.

BOILEAU.*

Dialogue sur les Latinistes modernes.

HORACE. Tout le monde est surpris, grand Apollon, des abus que vous laissez régner sur le Parnasse.

APOLLON. Et depuis quand, Horace, vous avisez-vous de parler François?

HORACE. Les François se mêlent bien de parler Latin. Ils estropient quel-

* Tout le monde sait que Boileau étoit grand admirateur des anciens, & qu'il se déclara avec beaucoup de chaleur contre ceux qui leur préféroient les modernes.

ques-uns de mes vers : ils en font de même à mon ami Virgile ; & quand ils ont accroché, je ne fais comment, *disjecti membra poëtæ*, ainfi que je parlois autrefois, ils veulent figurer avec nous.

APOLLON. Je ne comprends rien à vos plaintes. De qui donc me parlez-vous ?

HORACE. Leurs noms me font inconnus. C'eft aux Mufes de nous les apprendre.

APOLLON. Calliope, dites-moi, qui font ces gens-là ? C'eft une chofe étrange, que vous les infpiriez, & que je n'en fache rien.

CALLIOPE. Je vous jure que je n'en ai aucune connoiffance. Ma fœur Erato fera peut-être mieux inftruite que moi.

ERATO. Toutes les nouvelles que j'en ai, c'eft par un pauvre Libraire, qui faifoit dernierement retentir notre vallon de cris affreux. Il s'étoit ruiné à imprimer quelques ouvrages de ces Plagiaires, & il venoit fe plaindre ici de vous & de nous, comme fi nous devions répondre de leurs actions, fous prétexte qu'ils fe tiennent au pied du Parnaffe.

APOLLON. Le bon homme croit-il que nous fachions ce qui fe paffe hors de notre enceinte ? Mais nous voilà bien embarraffés pour favoir leurs noms. Puifqu'ils ne ſont pas loin de nous, faiſons-les monter pour un moment. Horace, allez leur ouvrir une des portes.

CALLIOPE. Si je ne me trompe, leur figure ſera réjouiſſante, ils nous donneront la Comédie.

HORACE. Quelle troupe! nous allons être accablés, s'ils entrent tous. Meſſieurs, doucement: les uns après les autres.

Un POETE s'adreſſant à Apollon, *da, tymbræe, loqui...*

Autre POETE à Calliope, *dic mihi, muſa, virum...*

Troiſieme POETE, à Erato: *nunc age qui reges, Erato.*

APOLLON. Laiſſez vos complimens, & dites-nous d'abord vos noms.

Un POETE. *Menagius.*

Autre POETE. *Peterius.*

Troiſieme POETE. *Santolius.*

APOLLON. Et ce vieux Bouquin que je vois parmi vous, comment s'appelle-t-il?

TEXTOR. Je me nomme *Raviſius Textor.* Quoique je ſois en la compagnie de ces Meſſieurs, je n'ai pas l'honneur d'être Poëte, mais ils veulent m'avoir avec eux, pour leur fournir des épithetes au beſoin.

UN POETE. *Latonæ proles divina, jovisque... jovisque... jovisque... heus tu, Textor! jovisque,*

TEXTOR. *Magni.*

LE POETE. *Non.*

TEXTOR. *Omnipotentis.*

LE POETE. *Non, non.*

TEXTOR. *Bicornis.*

LE POETE. *Bicornis, optime. Jovisque bicornis. Latonæ proles divina jovisque bicornis.*

APOLLON. Vous avez donc perdu l'esprit? Vous donnez des cornes à mon pere.

LE POETE. C'est pour finir le vers. J'ai pris la premiere épithete que Textor m'a donnée.

APOLLON. Pour finir le vers, falloit-il dire une énorme sottise? Mais vous, Horace, faites aussi des vers François.

HORACE. C'est-à-dire, qu'il faut que je vous donne aussi une scene à mes dépens, & aux dépens du sens commun.

APOLLON. Ce ne sera qu'aux dépens de ces étrangers. Rimez toujours.

HORACE. Sur quel sujet? Qu'importe? Rimons, puisqu'Apollon l'ordonne. Le sujet viendra après.

Sur la rive du fleuve amassant de l'arene...

UN POETE Alte-là. On ne dit point en notre langue, ſur *la rive* du fleuve, mais ſur *le bord* de la riviere. Amaſſer *de l'arene* ne ſe dit pas non plus, il faut dire *du ſable.*

HORACE. Vous êtes plaiſant. Eſt-ce que *rive* & *bord* ne ſont pas ſynonymes, auſſi bien que *fleuve* & *riviere*, comme ſi je ne ſavois pas que dans votre cité de Paris la Seine paſſe ſous le Pont nouveau? Je ſais tout cela ſur l'extrêmité du doigt.

UN POETE. Quelle pitié! je ne conteſte pas que toutes vos expreſſions ne ſoient Françoiſes; mais je dis que vous les employez mal. Par exemple, quoique le mot de *cité* ſoit bon en ſoi, il ne vaut rien où vous le placez: on dit *la Ville de Paris.* de même on dit *le Pont neuf*, & non pas *le Pont nouveau;* ſavoir une choſe *ſur le bout du doigt*, & non pas *ſur l'extrêmité du doigt.*

HORACE. Puiſque je parle ſi mal votre langue, croyez-vous, Meſſieurs les faiſeurs de vers Latins, que vous ſoyez plus habiles dans la nôtre? Pour vous dire nettement ma penſée, Apollon devroit vous défendre aujourd'hui pour jamais de toucher plume ni papier.

APOLLON. Comme ils ont fait des vers ſans ma permiſſion, ils en feroient encore malgré ma défense. Mais puisque dans les grands abus, il faut des remedes violens, punissons-les de la maniere la plus terrible. Je crois l'avoir trouvée. C'est qu'ils soient obligés désormais à lire exactement les vers les uns des autres. Horace, faites-leur savoir ma volonté.

HORACE. De la part d'Apollon il est ordonné, &c.

SANTEUIL. Que je lise ce fatras de du Perrier. Moi ! je n'en ferai rien. C'est à lui de lire mes vers.

DU PERRIER. Je veux que Santeuil commence par me reconnoître pour son Maître, & après cela je verrai si je puis me résoudre à lire quelque chose de son Phébus.

Ces Poëtes continuent à se quereller, ils s'accablent réciproquement d'injures ; & Apollon les fait chasser honteusement du Parnasse.

M. ROLLIN.

Tome 1er. du Traité des Etudes, page 145 & suivantes.

Faut-il commencer par la composition des Thêmes ou par l'explication des Auteurs? A ne consulter que le bon sens & la droite raison, il semble que la derniere méthode devroit être préférée. Car, pour bien composer en Latin, il faut un peu * connoître le tour, les locutions, les régles de cette langue, & avoir fait amas d'un nombre assez considérable de mots dont on sente bien la force, & dont on soit en état de faire une juste application : or, tout cela ne se peut faire qu'en expliquant les Auteurs, qui sont comme un Dictionnaire vivant & une Grammaire parlante, où l'on apprend par l'expérience même, la force & le véritable usage des mots, des phrases & des régles de la Syntaxe.

Il est vrai que la méthode contraire a prévalu ; mais il ne s'ensuit pas pour cela qu'on doive s'y livrer aveuglément & sans examen. Souvent la coutume exerce sur les esprits une espèce de tyrannie qui les tient dans la servitude, les empêche de faire usage de la raison, qui dans ces sortes de matieres est un guide plus sûr que l'exemple seul, quelqu'autorisé qu'il soit par le temps.

* Je crois qu'il faut, pour bien composer dans une langue, posséder parfaitement toutes les choses dont parle M. Rollin. Témoin le petit nombre de personnes qui écrivent bien dans leur langue naturelle.

On ne se trouve point mal dans l'Université de Paris, d'avoir apporté en d'autres choses quelques changemens à l'ancienne maniere d'enseigner. Je voudrois qu'il fût possible d'y faire quelque essai de celle dont nous parlons, afin de s'assurer par l'expérience, si elle auroit dans le public le même succès que je sais qu'elle a eu dans le particulier à l'égard de plusieurs enfans.

Je suppose qu'il s'agit d'instruire un enfant qui n'a encore aucune connoissance de la langue Latine.... Je n'hésite pas à décider qu'il faut dans les commencemens presqu'absolument écarter les thêmes qui ne sont propres qu'à tourmenter les enfans par un travail pénible & peu utile, & à leur inspirer du dégoût pour une étude, qui ne leur attire ordinairement de la part des Maîtres, que des réprimandes & des châtimens Car les fautes qu'ils font dans leurs thêmes, étant très-fréquentes & presque inévitables, les corrections le deviennent aussi; au lieu que l'explication des Auteurs & la traduction, où ils ne produisent rien d'eux-mêmes & ne font que se prêter au Maître, leur épargnent beaucoup de temps, de peines & de punitions.

Je ne puis m'empêcher, en consultant le bon sens & la droite raison, de croire que des enfans accoutumés ainsi à expliquer pendant six ou neuf mois, & à rendre compte ensuite de leur explication, soit de vive voix, soit par écrit, ou plutôt de l'une & de l'autre maniere, seront bien plus en état après cela de commencer à faire des Thêmes, si l'on juge à propos, & d'entrer en sixieme. *

* Ce passage est clair, précis, motivé. Je me contenterai donc d'observer que M. Rollin instruit de l'attachement des Compagnies pour leurs usages les moins fondés en raisons, n'attaque qu'avec les plus grandes précautions la pratique de l'Université, dont il avoit été recteur. Il n'est donc pas douteux qu'il n'eût encore plus ouvertement & plus fortement blâmé la méthode des thêmes, & recommandé celle de la traduction, s'il n'eût eu à ménager un corps qui l'avoit autrefois choisi pour son chef. Ces ménagemens, au reste ne lui ont pas fait trahir la vérité, il l'a seulement un peu voilée, mais elle ne s'en montrera pas moins clairement aux yeux des personnes qui connoîtront le zèle de l'auteur pour l'instruction des enfans, la droiture de son cœur & la justesse de son esprit.

M. DU MARSAIS. *

On apprend les langues par usage ou par régles, ou enfin par tous les deux ensemble; c'est-à-dire, en joignant l'usage avec les régles & les observations; ce qui est la maniere la plus courte & la plus sûre, tant pour apprendre les langues vivantes, que pour apprendre les langues mortes.

Quand je dis qu'on apprend une langue par usage, j'entends qu'à l'égard d'une langue vivante, on doit l'entendre parler à ceux à qui elle est naturelle, la parler avec eux, & s'exercer ensuite à écrire en cette langue, en se conformant à la pratique & aux observations de ceux qui passent pour bien parler & pour bien écrire.

A l'égard des langues mortes, j'entends qu'on doit lire avec soin & avec réflexion les ouvrages des anciens qui ont le mieux

* La plûpart des ouvrages de M. du Marsais traitent de la méthode que nous proposons, ou la supposent. Il a donc fallu se borner. Ce que j'en donne est pris d'une préface, dans laquelle il expose sa méthode. Les personnes qui veulent en être instruites à fonds, ne peuvent mieux faire que d'aller à la source.

écrit en ces langues. Ainſi, lire, expliquer, apprendre la Grammaire, parler, compoſer, ſont les moyens d'acquérir la connoiſſance d'une langue.

Je voudrois donc que dès que les enfans ſavent lire, ils fiſſent leur principale occupation d'expliquer le Latin avec une traduction interlinéaire. On pourroit même leur faire apprendre à lire dans les livres interprétés de la ſorte.

Les Maîtres qui voudront faire uſage de cette méthode, preſcriront à ceux qui ſavent bien lire, de ſe préparer eux-mêmes ſur quelques lignes ou ſur quelques pages de la traduction interlinéaire, ſelon la portée de leur mémoire & de leur eſprit.

Les enfans qui ſe préparent eux-mêmes, liſent plus d'une fois l'explication du mot Latin, enſuite ils cachent le François, & s'exercent eux-mêmes à voir s'ils ont retenu la ſignification du mot Latin. On peut leur faire obſerver la même pratique à l'égard du François, je veux dire, qu'on peut leur faire cacher le mot Latin, & voir s'ils ont retenu comment un tel mot François ſe dit en Latin. Cette réciprocation eſt très-utile; mais ſi elle eſt trop pénible pour quelques-uns, il faut ſe contenter de la ſimple explication du mot

Latin, le reste se fera dans la suite, ou plutôt se fera tout seul.

L'un des objets principaux de l'interprétation interlinéaire, est de conduire au texte pur; mais il ne faut pas y mener d'abord les enfans, de peur qu'ils ne soient rebutés par l'embarras de l'inversion Latine : ils s'y accoutument insensiblement par curiosité & par vanité.

Quand le Maître le juge à propos, & que les disciples expliquent sans peine, selon l'ordre de l'interprétation interlinéaire, on leur dit de se préparer à expliquer le texte pur : ce qui n'est pas difficile, puisqu'ils savent déjà la signification de tous les mots, & qu'ils ont devant les yeux la construction toute faite.

Il doit y avoir des heures marquées, afin que les disciples apprennent quand il en est temps à bien décliner & à bien conjuguer.

Quand il est temps que l'Ecolier commence à rendre raison, on lui fait d'abord bien distinguer les parties du discours, sans exiger au commencement qu'il en donne la définition. Souvent les définitions ne font que peiner sans éclairer d'avantage. Le principal est donc qu'ils apprennent par usage à démêler facilement le nom d'avec le verbe, le substantif d'avec l'adjectif, & ainsi des autres parties du discours.

Après que le Maître a donné par des exemples, l'idée des différentes sortes de mots, un tel mot est-il un nom? Cet autre est-il un verbe? &c. Il interroge ensuite sur la déclinaison, sur la conjugaison, sur le genre, le nombre, le cas, la personne, &c. observant de faire montrer la place du mot sur les paradigmes du Rudiment que l'Ecolier doit avoir devant lui: *sylvarum*, à quel cas est-il? Il est au génitif pluriel de la premiere déclinaison, comme *nautarum* que voilà.

Lorsque le Maître le juge à propos, il commence à expliquer les régles de la Syntaxe à son disciple, en les lui faisant lire dans une Grammaire. Le principal est de les lui faire bien comprendre par des exemples. Il peut aussi les faire copier, aussi bien que les définitions, & ce qui lui paroît le plus utile.

Quand les Ecoliers ont fait quelques progrès, ils écrivent dans un cahier, les Latinismes & les Gallicismes les plus remarquables, ce qui leur fait bien sentir la différence des deux langues.

Quand le Maître les en jugera capables, il les fera exercer à traduire eux-mêmes un Latin qu'on ne leur aura pas expliqué, & aura autant d'attention à corriger le François, qu'on en a à corriger le thême Latin. Il les exercera aussi à mettre du François en Latin, selon la méthode dont nous avons parlé, & selon qu'il les en jugera capables.

Ainsi les enfans ayant vu en peu de temps une plus grande quantité de bon Latin, qu'on n'en voit ordinairement dans le cours des études communes, & ayant observé la différence du Latinisme & du Gallicisme, ils viendront sûrement au point de bien entendre le Latin, & de bien composer en l'une & l'autre langue.

Il ne faut pas oublier ici un avis très-utile ; mais il ne regarde que les personnes parvenues à un âge raisonnable, qui ont déjà fait quelques progrès dans le Latin, & qui veulent se rendre plus habiles, c'est que comme les langues ne s'apprennent que par la pratique, si l'on veut bien apprendre le Latin, on doit lire des livres Latins, sans interrompre ses lectures, au moindre mot qu'on n'entend pas, & sans s'amuser à rendre raison de tout. Lisez & relisez, & vous vous trouverez toujours plus avancés & plus en état de rendre raison. On s'éclaircit peu à peu de ce qu'on ignore, & on continue toujours à lire ; mais cette pratique suppose une certaine capacité déjà acquise, & une bonne volonté qui est rare dans les enfans.

M. LE BATTEUX.

Cours de belles Lettres, tom. 4. p. 282.

On convient assez généralement aujourd'hui, que la traduction des Auteurs de l'antiquité, est, sinon le seul, du moins le plus simple, le plus court & le plus sûr moyen de les bien connoître & d'apprendre leur langue.

M. D'ALEMBERT.

Mélanges de Littérature, &c. t. 5. p. 542.

C'est une chose si évidente par elle-même, qu'on ne peut jamais écrire que très-imparfaitement dans une langue morte, que vraisemblablement cette question n'en seroit pas une, s'il n'y avoit beaucoup de gens intéressés à soutenir le contraire.

Le François est une langue vivante, répandue par toute l'Europe; il y a des François par tout; les étrangers viennent en foule à Paris; combien de secours pour s'instruire de cette langue? Cependant combien peu d'étrangers qui l'écrivent avec pureté & avec élégance? Je suppose à présent que la langue Françoise n'existât comme la langue Latine, que dans un très-petit nombre de bons livres, & je demande si dans cette supposition on pourroit se flatter de la bien savoir, & être en état de la bien écrire? .... *

Je m'en tiens ici à la connoissance de la valeur des mots, de leur signification précise, de la nature des tours & des phrases, des circonstances & des genres de style dans lesquels les mots, les tours, les phrases peuvent être employés ; & je dis que pour arriver à cette connoissance, il faut avoir vu ces mots, ces tours & ces phrases *maniés* & *ressassés*, si je puis m'exprimer ainsi, dans mille occasions différentes; qu'un petit nombre de livres, quand même on les auroit lus vingt fois, est absolument insuffisant pour cet objet; qu'on ne sauroit y parvenir que par des observations fréquentes dans la langue même, par un usage assidu, & par des réflexions sans nombre que cet usage seul peut suggérer. C'est en effet de cette seule maniere, avec beaucoup de temps, d'étude

* C'est à regret que j'omets quelque chose d'un traité qui, quoique fort court, approfondit la question présente; mais j'espere que les personnes capables d'en sentir le mérite ne se priveront pas du plaisir de le lire.

& d'exercice, qu'on peut devenir un bon écrivain dans sa propre langue; on sait même combien il est rare encore d'y réussir; & on veut se flatter d'y réussir dans une langue morte, pour laquelle on n'a pas la millieme partie de ces secours....

M. de Voltaire... pense absolument de même. Voici comme il s'exprime en parlant d'un célebre Poëte Latin moderne : » il réussit auprès de ceux qui » croyent qu'on peut faire de bons vers » Latins, & qui pensent que des étran» gers peuvent ressusciter le siécle d'Au» guste dans une langue qu'ils ne peuvent » pas même prononcer. *In sylvam ne* » *ligna feras* »....

Il en est de la latinité moderne, comme de la versification Françoise entre les mains d'un Poëte médiocre. Cette latinité ne sert souvent, si je puis m'exprimer ainsi, qu'à couvrir la nudité d'un ouvrage vuide de choses, sans idées, sans âme & sans vie. Il faut avouer qu'à cet égard elle est bien commode pour un Auteur qui ne sait ni penser ni sentir; & lui, & ceux qui le lisent, sont beaucoup plus occupés des mots que des choses; & il est bien doux en composant, de n'avoir rien à produire, & de savoir que ses juges n'y seront pas difficiles. Aussi telle harangue qu'on ne pourroit pas lire, si elle étoit traduite en François, parce qu'elle ne contient que des idées triviales, est admirée d'un petit cercle de pédans, parce que le style leur en paroît *Cicéronien*.

Je ne sais si les anciens Romains écrivoient beaucoup en Grec; ils avoient au moins cet avantage, qu'ils pouvoient se flatter de parvenir à bien écrire dans cette langue, qui, de leur temps, étoit vivante & fort répandue; cependant je vois que les plus illustres d'entre eux se sont appliqués principalement à bien écrire dans leur propre langue; imitons-les sur ce point. C'est déjà un assez grand inconvénient pour nous, que d'être obligés d'apprendre bien ou mal tant de langues différentes; bornons notre ambition à bien posséder la nôtre, & à savoir la bien manier dans nos ouvrages. Pour peu que nous en fassions notre étude, nous y trouverons assez de difficultés pour nous occuper entierement.

J'ai entendu quelquefois regretter les theses de Philosophie qu'on a autrefois soutenues en Grec dans quelques Colleges de l'Université; j'ai bien plus de regret qu'on ne les soutienne pas en François. D'abord on y apprendroit à parler sa propre langue, qu'on ſait pour l'ordinaire très-mal au ſortir du Collége : enſuite on ſeroit obligé dans ces theſes de parler raiſon ou de ſe taire. Les ſpectateurs trouveroient trop ridicules en François les ſottiſes qu'on y débite gravement en Latin, & auxquelles même on a fait l'honneur de les débiter quelquefois en Grec.

M. DE LA CHALOTAIS.

Education nationale, page 72.

Je ſuppoſe avec les perſonnes inſtruites, que c'eſt par l'explication qu'il faut commencer & continuer l'étude des langues. Il eſt naturel de penſer que pour apprendre une langue morte, on doit imiter autant qu'il eſt poſſible, la maniere dont les enfans apprennent leur langue maternelle, & celle que nous employons pour apprendre les langues étrangeres ; c'eſt l'uſage, l'exercice & l'habitude.

M. L'ABBÉ COYER.

Plan d'éducation publique, page 189.

Qu'apprend-on en Sixieme ? Du Latin. En Cinquieme ? Du Latin. En Quatrieme ? Du Latin. En Troiſieme ? Du

Latin. En Seconde? Du Latin. Nulle connoiſſance de la nature, des Arts, des Sciences utiles. Point de choſes, mais des mots; & encore quels mots? Pas même la langue nationale, rien de ce qui convient le plus à l'homme. Et on appelle ce long & précieux eſpace de temps, le cours des *Humanités*. L'éleve farci de Latin bon ou mauvais, paſſe en Rhétorique. C'eſt alors qu'on l'oblige à produire quelque choſe de ſoi même. Peut-être produiroit-il en François; mais le Latin augmente la difficulté de l'enfantement, & le fruit eſt manqué. La Philoſophie vient couronner cette éducation, & c'eſt auſſi en Latin qu'elle rend ſes oracles. Mais enfin, après tant de Latin, je prends au haſard cent de vos Eleves. J'ouvre Cicéron, Tite-Live, Tacite, Horace, Juvenal, & je ne trouve pas dix de vos Latiniſtes qui les entendent. Vous rougiſſez! il n'y a pas grand mal à cela; quand ils feront le perſonnage d'homme, & qu'ils parleront au Barreau, en Chaire, ou dans les Conſeils; s'ils veulent écrire ſur la Morale, la Politique, la Guerre, les Finances, l'Agriculture, le Commerce, ou ſur les Sciences exactes, certainement ce ne ſera pas en Latin.

Quoi donc! faut-il bannir le Latin de

l'éducation publique ? Non ſans doute. Nous en faiſons tout le cas qu'il mérite, mais pas plus qu'il ne mérite.... ce que nous voulons bannir, c'eſt votre méthode. Il y en a deux, la ſyntheſe & l'analyſe ; autrement la compoſition & la traduction : compoſer dans une langue, c'eſt imiter les bons Auteurs qui ont écrit dans cette langue. L'imitation ſuppoſe la connoiſſance de l'original, connoiſſance qui ne peut venir que par la traduction ; vouloir compoſer, ſans avoir traduit, c'eſt s'accoutumer avec des peines infinies, à un mauvais Latin qui ne ſera pas du Latin, c'eſt ſe faire à ſoi-même un langage Barbare. Compoſer, c'eſt produire, & l'enfance n'eſt deſtinée qu'à recevoir. Pour compoſer, il faut avoir dans la tête tous les principes, toute la ſyntaxe de la langue ; & vous appliquez à la compoſition une tête vuide.

La traduction n'eſt point hériſſée de telles épines. Elle ſuit l'ordre naturel. La grammaire n'eſt venue que long-temps après les langues inventées par l'uſage. La traduction eſt toute en uſage ; & c'eſt ce grand uſage qui fait la ſcience. Cela eſt ſi vrai, que, parmi ceux qui parlent le mieux en Latin, bien peu ſe ſouviennent de la régle.

Dire que la traduction est la vraie méthode, c'est avancer ce que l'expérience a prouvé. Un Savant fort connu par lui-même & par sa postérité, *le Fevre*, avoit un fils qu'il mit à la traduction vers l'âge de dix ans, & il le fit continuer de la même maniere, jusqu'à sa quatorzieme année, temps auquel mourut cet enfant célebre, qui entendoit alors couramment les Auteurs Latins & Grecs les plus difficiles, le tout, sans avoir donné un seul instant à la structure des thêmes, à la composition. Son illustre sœur, Madame *Dacier*, fut instruite de même. On sait qu'elle étonna tous nos Grecs & nos Latins.

Mais il y a deux manieres de traduire, ou à coups de Dictionnaire & de Rudiment, en laissant l'Eleve à lui-même, ou avec le secours d'une traduction interlinéaire, qui donne tout simplement la signification des mots. La premiere est rebutante & très-longue. La seconde, facile & courte. Elle ne demande ni Dictionnaires, ni Rudimens, ni recherches. Elle emmagasine beaucoup de mots dans la mémoire, & c'est l'objet qu'on se propose. Nous la devons au plus célebre Grammairien de notre siecle, *du Marsais*.

M. L'ABBÉ DE CONDILLAC.

Cours d'étude pour l'instruction du Prince de Parme, t. 1er p. xcv.

Si j'eusse fait du Latin le premier objet de nos leçons, combien le Prince n'auroit-il pas perdu de temps à l'étude de la Grammaire ? Comment l'aurois-je mis en état de sentir les beautés de cette langue ? Quel Ecrivain auroit été à la portée d'un enfant dépourvu de toute connoissance ? ... Aussi me suis-je fait une loi de ne lui faire lire dans cette langue, que des Ecrivains qu'il auroit entendus, s'ils avoient écrit en François. Il est arrivé qu'il a appris le Latin facilement, & qu'il n'a trouvé aucun dégoût dans cette étude.

Rien n'est plus inutile que de fatiguer un enfant, en chargeant sa mémoire des régles d'une langue qu'il n'entend pas encore. Qu'importe en effet qu'il sache ces régles par cœur, s'il ne lui est pas possible d'en faire l'application ? J'attendis donc que la lecture l'instruisît peu-à-peu, & ce fut un ennui de moins pour lui...

Je suivis pendant quelques mois la méthode de M. du Marsais. Mais je l'abandonnai, lorsque le Prince put se passer de ce secours; c'est-à-dire, lorsqu'il eut appris beaucoup de mots Latins, & qu'il se fut familiarisé avec la syntaxe de cette langue.

Je n'ai pas épuisé toutes les autorités que je me proposois de citer : je m'arrête cependant. Celles-ci suffisent aux bons esprits ; je les multiplierois inutilement pour ceux qui ne veulent ou ne peuvent pas entendre raison.

Il n'est pas à croire néanmoins que personne ose, contre ce cri général des gens instruits, élever la voix en faveur de la routine. Car de quelque maniere que s'y prît un pareil Dom Quichotte, il faudroit en derniere analyse qu'il se donnât pour plus éclairé que tous les gens de lettres. Or, quelque confiante que soit l'extrême ignorance, il est rare qu'elle porte la présomption à ce point de ridicule. Nous pourrions donc d'après des autorités si uniformes & si respectables, partir de la nécessité de procéder à la connoissance des langues par la voie de la traduction, comme d'un fait incontestable, & exposer dès ce moment les moyens que nous avons cru devoir employer, d'après M. du Marsais, pour mettre le plutôt possible les enfans dans le cas de lire les bons Auteurs Latins, & puiser dans les ſources la connoiſſance de la langue dont on les occupe. Mais nous ne nous propoſons pas ſeulement de convaincre, nous voulons encore perſuader & porter la lumiere, s'il eſt poſſible, même dans les eſprits prévenus. S'il eſt poſſible, diſons-nous : car une malheureuſe expérience ne ne nous a que trop appris que mille bonnes raiſons viennent échouer contre la moindre petite paſſion. Nous prions donc les perſonnes qui s'intéreſſent ſincérement à l'éducation de leurs enfans, de leurs parens, de leurs amis, de leurs concitoyens, & qui ont aſſez de talens naturels & de connoiſſances acquiſes pour pouvoir ſe porter raiſonnablement pour juges, nous les prions de renoncer à toute inſpiration étrangere, de ſe défaire de toute vanité mal-entendue, de tout préjugé, de tout eſprit de parti & de cabale, & de peſer avec impartialité les raiſons que nous allons leur mettre ſous les yeux d'après les plus grands Maîtres dans l'art d'enſeigner. Nous les reprendrons de loin ces raiſons; c'eſt le moyen de diſſiper toute obſcurité. Nous nous adreſſons d'ailleurs aux Maîtres & aux parens, qui auroient le bon eſprit de vouloir inſtruire eux-mêmes leurs enfans : nous n'avons donc pas à craindre de n'être pas entendus.

Lorſqu'un enfant vient au monde, tous ſes organes ſont obſtrués, & il éprouve à peine quelques légeres ſenſations de la part du tact général répandu ſur toute la ſurface de la peau; mais à l'inſtant qu'il eſt expoſé à l'air, cet élément preſſe ſur toute l'habitude du corps, dont l'intérieur eſt vuide, il force les obſtacles que lui préſentent les humeurs des narines & de la glotte, pénétre dans les poumons, & donne à toute la machine animale, un mouvement qui ne finira qu'avec la vie. Alors les cuiſſes, appliquées juſques là ſur le ventre, s'étendent, les bras ſe placent le long du corps, & les mains commencent à ſe mouvoir: le toucher proprement dit, a donc dèſlors au moins un foible exercice. Le goût vient enſuite, il eſt ſuivi de l'odorat; & au bout de ſix ſemaines environ, le nouveau né commence à diſtinguer les objets. Il eſt à croire que la vue avoit été précédée par l'ouie; car il eſt à remarquer que les ſens les plus extérieurs & les plus groſſiers ſe développent les premiers: or, les ſens conſidérés rélativement à la groſſeur des particules qui les affectent, donnent cet ordre-ci; le toucher, le goût, l'odorat, l'ouie, la vue. L'obſervation nous aſſure de l'ordre du développement des trois premiers, l'analogie ne nous permet donc gueres de douter que les deux derniers ne suivent la même marche. Quand nous parlons au reste du développement des sens, il faut bien se garder d'imaginer que ce soit un effet instantané ; ce n'est pas ainsi que procéde la nature. Les sensations sont d'abord fort obtuses, & ne retentissent que très-foiblement jusqu'à l'ame ; mais enfin à force d'exercice, les organes se fortifient & deviennent propres à transmettre toutes les impressions des objets extérieurs.

Quoiqu'il en soit de ces observations, l'enfant n'attend pas l'usage de la vue, pour se mettre en quelque relation avec sa mere ; mais lorsqu'il la voit & la distingue, ce rapport devient beaucoup plus sensible. Alors commence entre eux un langage accentué, sonore, inarticulé, & cependant intelligible. » Les nourrices » entendent tout ce que disent leurs nour» riçons, elles leur répondent, elles ont » avec eux des dialogues très-bien suivis, » & quoiqu'elles prononcent des mots, » ces mots sont parfaitement inutiles ; ce » n'est point le sens du mot qu'ils enten» dent, mais l'accent dont il est accom» pagné.

» Au langage de la voix ſe joint celui » du geſte non moins énergique. Ce geſte » n'eſt pas dans les foibles mains des en- » fans, il eſt ſur leurs viſages. Il eſt éton- » nant combien ces phyſionomies mal » formées ont déjà d'expreſſion; leurs » traits changent d'un inſtant à l'autre » avec une inconcevable rapidité. Vous » y voyez le ſourire, le deſir, l'effroi » naître & paſſer comme autant d'éclairs; » à chaque fois vous croyez voir un au- » tre viſage. Ils ont certainement les muſ- » cles de la face plus mobiles que nous. » En revanche leurs yeux ternes ne diſent » preſque rien. Tel doit être le genre de » leurs ſignes dans un âge où l'on n'a que » des beſoins corporels; l'expreſſion des » ſenſations eſt dans les grimaces; l'ex- » preſſion des ſentimens eſt dans les re- » gards. (de l'éducation liv. 1.)

Ce dernier langage ne ſera de long-temps néceſſaire à l'enfant dont nous nous occupons, le premier lui ſuffit, il lui ſuffira encore un grand nombre de mois. Cependant l'organe de la parole ſe fortifiera; il ſera ſonner ſur cet inſtrument d'abord les voyelles, puis les conſonnes qui ſe prononcent avec les levres, enfin les ſyllabes les plus douces; c'eſt-à-dire, celles qui ne contiennent que des voyelles

& des consonnes labiales. S'il est assez heureux pour qu'on ne le presse pas de parler, & pour qu'on ne lui fasse entendre qu'un petit nombre de mots qui expriment des objets physiques, il les écoutera long-temps en silence, & quand des circonstances répétées lui auront fait connoître les êtres qu'ils représentent, il essayera de les prononcer: après bien des tentatives, il les prononcera distinctement; & ce qui est mille fois plus important encore, il les appliquera avec justesse, il aura donc l'esprit juste: car nos facultés intellectuelles se perfectionnent par un usage bien dirigé, & il n'est pas douteux que ces premiers commencemens n'ayent la plus grande influence sur toute la vie.

Les acquisitions de l'enfant se succédent rapidement dans mon exposition; & dans la crainte d'induire en erreur ceux qui me lisent, je suis forcé de répéter que ce n'est pas ainsi que procéde la nature: sa marche est lente, mais sûre, quand on ne la violente pas. Lente: ah! si nous avions le courage de porter des regards attentifs sur ces temps de foiblesse & d'ignorance: si nous pouvions voir le point d'où nous partons, le terme auquel nous arrivons en deux ou trois ans: si nous étions capables de saisir l'ensemble de l'espace que nous avons parcouru, nous nous étonnerions sans doute de nos progrès; & loin de regarder en pitié ces premiers momens de notre existence, nous serions humiliés du peu que nous ajoutons à nos connoissances dans le reste de notre vie. En effet, combien n'est pas immense l'intervalle qui sépare l'être qui végéte de celui qui pense. Eh bien! nous l'avons franchi cet intervalle: nous végétions à peine, & nous sommes devenus intelligens: toutes les facultés de notre esprit sont exercées, & cependant nous n'avons presque que des idées exactes; à quel autre terme de la vie serons-nous dans le cas de nous rendre le même témoignage!

Quand un enfant a fait une certaine provision de mots, & qu'il connoît quelques temps des verbes, tels que l'impératif qui sert à demander, & l'infinitif qui désigne les actions sans rapport aux personnes, il commence à construire des phrases. Elles sont courtes ces phrases, moins parce que l'organe de la parole est encore foible, que parce que l'enfant veut voir le rapport de toutes leurs parties; il n'a pas encore acquis la malheureuse facilité de parler sans rien dire. Il étendra ſes phraſes avec ſa conception ; & à force d'entendre parler les autres, & de parler lui-même, il ſaiſira les régles qui ſont le plus dans le génie de la langue, & il les employera dans toutes ſes conſtructions. Mais par cela même qu'il ſuivra très-bien l'analogie, il fera des fautes : car il eſt bien à remarquer qu'il ne péche ordinairement que contre les exceptions qu'on a introduites dans la langue, pour l'harmonie, pour la préciſion, quelquefois par une délicateſſe mal entendue, & pour éviter le concours de certaines ſyllabes qui rappelleroient des idées qu'on ne veut pas réveiller.

En voilà aſſez pour notre objet. Aulieu de pouſſer plus loin ce développement, revenons ſur nos pas, & voyons les réſultats que nous préſente ce que nous avons dit juſqu'à préſent.

1°. Il faut qu'un enfant connoiſſe un objet pour pouvoir y appliquer un nom, ou plutôt à l'idée qu'il s'en eſt faite. Or, c'eſt là une véritable traduction : car le mot *maman*, par exemple, ſe lie dans ſa tête avec l'idée d'une certaine perſonne qu'il voit, qu'il touche, qui l'allaite, qui le ſoigne, &c. Lorſque ce mot ſe préſente à ſa mémoire, il réveille donc toutes les idées dont nous avons fait l'énumération,

& plusieurs autres encore, à mesure que l'enfant acquiert des idées plus étendues de la personne qui lui prodigue ses soins.

2°. Il ne s'attache d'abord qu'aux mots isolés, qui expriment des objets physiques qu'il peut ou toucher, ou goûter, ou flairer, &c. auxquels en un mot, il peut appliquer quelques-uns de ses sens; encore faut-il qu'il puisse les vérifier par le moyen du toucher, le sens par excellence, le seul qui nous apprenne qu'il est des objets hors de nous.

3°. Il construit de petites phrases, dans lesquelles il ne fait entrer qu'un petit nombre de temps des verbes.

4°. Il ne suit que les régles les plus générales de la grammaire, celles qui sont le plus dans le génie de la langue.

5°. Il finit par la connoissance des exceptions qui s'écartent des loix de l'analogie.

La marche de la nature est ici bien marquée, & chacun peut s'en assûrer par ses propres observations; mais est-elle constante & uniforme? Est-elle applicable, par exemple, au cas où il s'agit d'apprendre une langue étrangere, dans le pays où on la parle? C'est ce que nous allons examiner. Pour nous faire entendre plus aisément, nous supposerons un

François transplanté en Italie. On m'avouera sans doute que cet homme s'attachera d'abord aux mots qui expriment les choses usuelles; mais on sera porté à croire que c'est uniquement parce qu'ils lui sont les plus nécessaires, & parce qu'ils se présentent plus communément dans la conversation. Ces considérations, j'en conviens, influeront sur l'ordre dans lequel notre François apprendra l'Italien; le besoin est pour tout homme le motif le plus pressant de s'instruire, & quand la facilité de le faire se joint à un grand desir de réussir, les progrès sont on ne peut pas plus rapides; mais ndépendamment de ces raisons, il seroit obligé de suivre les mêmes procédés. Conçoit-on en effet qu'un homme qui n'auroit absolument aucune idée d'une langue, & devant qui on ne l'employeroit qu'à des entretiens métaphysiques, pût se trouver dans des circonstances assez heureuses pour pouvoir conjecturer quel est l'objet de la conversation, & deviner ce que signifient quelques-uns des mots qu'il entend prononcer, afin de s'en aider par la suite à déchiffrer des phrases entieres, & parvenir de proche en proche à une connoissance de la langue aussi complette qu'on puisse l'acquérir? Si on parle au contraire devant lui de choses qui puissent tomber sous les sens, qu'on dise, par exemple, *chiudete l'uscio*, il remarquera aisément dans l'air, l'accent & le geste qui accompagneront ces paroles, le ton du commandement; si elles ont leur effet, la porte se fermera, cette action lui tiendra lieu de traduction, & il en conclura, que ce qu'il a entendu, signifie *fermez la porte*. Je dis ce qu'il a entendu, & non *chiudete l'uscio*, parce que je doute qu'on retienne dès la premiere fois des mots dont on ne sait pas la signification; ils ne frappent pas même distinctement l'oreille, & il y a tout à parier que si on étoit obligé de les répéter, on les estropieroit horriblement. Cependant on se fait peu-à-peu à la prononciation d'une langue; & si le François, dont nous nous occupons, se trouve en telle circonstance qu'il puisse conjecturer qu'on va ordonner de fermer la porte, & qu'il soit intéressé à savoir comment on le dit en Italien, il prêtera attention, & remarquera principalement le mot *uscio*, non parce qu'il est le dernier de la phrase, mais parce que c'est un nom; c'est-à-dire, un mot qui exprime les êtres réels ou ceux que nous considérons comme tels. Or, ces êtres sont le fondement de nos connoissances, ou plutôt ils forment presque ſeuls la véritable ſcience, celle ſur laquelle on peut le plus compter : les mots qui les expriment, c'eſt-à-dire, les noms doivent donc jouer le premier rôle dans les tableaux de la parole : c'eſt à eux que tous les autres ſe rapportent, & ſans eux il n'y a point d'enſemble. Il n'eſt donc pas douteux que notre François ne s'attache au mot *uſcio*, qu'il ne ſe le répéte ſouvent à lui-même, & que dans la crainte de le laiſſer échapper, il n'omette d'abord de le traduire diſtinctement; mais lorſqu'il ſera sûr de l'avoir bien établi dans ſa tête, il le fera ſuivre de ſa traduction, & dira *uſcio* porte, ou l'*uſcio* la porte, & non pas la porte l'*uſcio*. Cette obſervation peut paroître minutieuſe, elle eſt cependant très-importante dans la queſtion dont il s'agit, & je prie mes lecteurs de vouloir bien y faire attention : les conſéquences qu'on peut en tirer, ne leur échapperont pas, ils entreront d'eux-mêmes dans mes idées, & ils s'y attacheront plus volontiers que s'ils y étoient amenés par la force de mes raiſons.

On ſent bien que ce que j'ai dit de la phraſe *chiudete* l'*uſcio*, & du mot *uſcio*, eſt applicable à toutes les autres phraſes & à tous les autres noms qui peuvent y entrer; notre François fera donc inſenſiblement proviſion de mots Italiens déſignant les objets phyſiques, & il en conſtruira des phraſes, moitié pantomimes & moitié articulées; ainſi pour dire *fermez la porte*, il ſe contentera de prononcer le mot *uſcio* ou l'*uſcio ;* & au lieu du mot *chiudete*, qu'il ne ſait pas encore, il fera un geſte qui indiquera de fermer. C'eſt ainſi que nous diſons nous-mêmes à un domeſtique, *du pain*, au lieu de *donnez-moi*, ou *faites-moi le plaiſir de me donner du pain.*

Je crois qu'il eſt inutile d'inſiſter ſur ce point: tout le monde voit, par l'exemple des étrangers qu'il a ſous les yeux, & qui diſent long-temps, *moi vouloir faire un maiſon*, qu'un François parlera de même en Italie, & qu'il ſuivra par conſéquent la même marche qu'un enfant qui apprend ſa langue maternelle, avec cette différence ſeulement, qu'il traduit de l'Italien en François, c'eſt-à dire, des ſignes en d'autres ſignes, aulieu qu'un enfant applique les ſignes à ſes idées, il eſt donc toujours beaucoup plus près des objets réels & par conſéquent de la vraie connoiſſance, que l'homme qui, à l'occaſion d'un ſigne, ne ſe rappelle qu'un autre ſigne, qui paſſe rarement de-là aux idées qu'il repréſente, & qui plus rarement encore, rapproche les idées des objets auxquels il juge qu'elles conviennent.

Quant à la maniere d'apprendre les langues mortes & les langues vivantes par le moyen des livres, lorſque cette étude ſe fait à un âge raiſonnable, on prend un Auteur écrit dans la langue qu'on veut apprendre, & traduit dans celle que l'on ſait, & l'on confronte les phraſes & les mots de l'original avec les phraſes & les mots de la traduction. Quand celle-ci eſt très-littérale, ce rapprochement eſt plus facile & plus inſtructif. C'eſt pour cela que dans l'étude du Grec on préfére ces vieilles traductions latines dans leſquelles tous les mots ſont rendus, & rangés dans l'ordre du texte. Lorſqu'on eſt un peu avancé dans la connoiſſance de la langue qu'on étudie, M. du Marſais conſeille de lire beaucoup d'originaux, ſans s'arrêter aux mots qu'on n'entend pas. * C'eſt après cette lecture répétée des Auteurs, qu'on eſt en état de bien entendre une grammaire, c'eſt-à-dire, les obſervations faites ſur cette langue; car il faut bien

* Je profiterai de cette occaſion pour recommander aux Ecoliers de garder ſoigneuſement tous les Livres qu'ils auront expliqués, & de les lire & relire aſſidument. C'eſt le moyen le plus sûr, le plus ſimple & le plus court d'apprendre le Latin, & de ſe rendre propres les idées des Auteurs.

ſe rappeller que par-tout les langues ſe ſont formées avant les grammaires. En ſuivant la méthode dont nous parlons, on ſuit donc la marche de tous les peuples, ou plutôt de la nature & de la raiſon. Comment en effet pourroit-on concevoir des obſervations faites ſur une choſe dont on n'a nulle idée ? Croit-on, par exemple, que ſans nulle connoiſſance des Mathématiques, on pût entendre les fineſſes du calcul infinitéſimal ? Ne regarderoit-on pas comme un inſenſé celui qui voudroit l'entreprendre, & ne mériteroit-il pas cette qualification au jugement de tout le monde ? Mais, je le demande aux gens de bon ſens, y a-t-il beaucoup plus de raiſon à exiger que des enfans de ſept à huit ans comprennent un livre de la Métaphyſique la plus ſubtile & la plus abſtruſe ? Or, toutes les grammaires qu'on leur donne, n'en ſont-elles pas pleines ? Ne contiennent-elles pas en outre des notions louches, incomplettes, inexactes & meme fauſſes ? N'eſt-ce pas faire honneur au bon eſprit des Maîtres, que de ſuppoſer qu'ils ne ſe ſont jamais fait illuſion au point de croire les entendre ? Cela poſé, qu'on juge ſi une pareille étude n'eſt pas contraire au développement de l'eſprit.

Ces objets, il eſt vrai, ont été traités

d'une maniere plus lumineuſe & plus ſimple par pluſieurs Auteurs, & tout récemment par Meſſieurs de Condillac & Gébelin; mais ce ne ſont pas là les grammaires qu'on leur met entre les mains, & ces Auteurs eux-mêmes ne le conſeilleroient pas, ils ſont trop inſtruits de la marche de l'eſprit humain. M. l'Abbé de Condillac qui a élevé l'Infant, Duc de Parme, lui a fait lire pendant pluſieurs années nos Auteurs, & les lui a expliqués, comme il étoit capable de le faire, avant de lui préſenter la grammaire qu'il avoit compoſée pour lui. Il l'a auſſi introduit à la connoiſſance du Latin, par la méthode de M. du Marſais, que nous propoſons. Ceci me rappelle que M. l'Abbé Radonvilliers, ſous-Précepteur du Roi regnant, a donné un ouvrage dans lequel il établit qu'il faut apprendre les langues par la voie de la traduction, & en cela il s'eſt conformé à la façon de penſer de tous les Gens de lettres ſur cet objet. Outre qu'on peut raiſonnablement le préſumer de l'enſeignement conſtant de tous ceux qui ont traité ce ſujet, voici un fait dont j'ai été témoin, & qui ne permet pas de douter que ceux mêmes qui n'écrivent pas ſur cette matiere, penſent comme ceux qui ont occaſion d'en parler.

Pendant que j'étois à Paris, j'eus la

curiofité d'affifter à une féance particuliere de l'Académie des fciences : je témoignai cette envie à un de fesMembres que j'avois l'honneur de connoître, & il me procura cette fatisfaction. On rendit compte à cette féance d'un ouvrage rélatif aux Colléges, dans lequel l'Auteur s'élevoit contre la méthode des thêmes. La lecture étoit à peine finie, que M. Vaucanfon, à ce que je crois, s'écria : ah que cet homme a bien raifon ! n'eft-il pas bien étrange que dans un fiécle auffi éclairé que le nôtre, on fuive des routines des fiecles de la plus profonde ignorance, & qu'on nous tourmente pendant les dix plus belles années de notre vie, pour nous apprendre une langue qu'on ne nous apprend pas, & qui après tout, ne mérite pas ce facrifice. On feroit cent fois mieux de nous laiffer gambader : au moins notre corps fe fortifieroit, & on nous l'énerve par la contrainte, fans éclairer notre efprit : car je ne fais, Meffieurs, fi vous avez été plus heureux ; mais pour moi j'avoue franchement que je fuis forti du Collége plus âne que je n'y étois entré : car on m'y avoit farci la tête de beaucoup d'inepties qu'il a fallu oublier. Cette exclamation fut acueillie tout d'une voix par l'Académie, chaque membre regretta fes premieres années, & reconnut qu'on les lui avoit fait paffer au moins inutilement. Il étoit impossible qu'un corps aussi éclairé pensât autrement. En effet quand on considere combien il est difficile aux personnes formées, nourries de la lecture des meilleurs livres, & aidées de la conversation des gens instruits, d'écrire passablement dans leur propre langue, quand on voit que les plus grands Auteurs y trouvent de la difficulté, comme ils le déclarent dans leurs ouvrages, peut-on n'être pas indigné qu'on force des enfans à écrire dans une langue dont ils n'ont aucune idée, & qu'on les punisse lorsqu'ils n'y réussissent pas? Il n'est pas d'expression assez forte pour qualifier une pareille absurdité.

Mais comment, dira quelqu'un, une méthode si contraire aux procédés de la nature, à la marche de l'esprit humain, & à la pratique des gens raisonnables, a-t-elle pû se soutenir persévéramment contre le cri général & constant de tous les Gens de lettres? Tu me le demandes, ô homme machine! toi qui n'agis aujourd'hui d'une certaine maniere, que parce que tu agis hier ainsi, & qui n'auras pas demain d'autres motifs d'agir de même. Si tu pouvois réfléchir un moment, tu trouverois la réponse à ta question, dans ta question même. Tu ne vois pas que la routine établie soit fondée, tu fermes cependant les yeux à la foule des raifons qui la combattent, & parce que tu l'as fuivie, tu fuppofes vaguement qu'on ne peut rien imaginer de mieux: voilà le commun des hommes. Tous n'ont pas la fimplicité de celui qui réfutoit un plan de réforme par ces paroles: *fi l'Auteur avoit raifon, je ferois un ignorant;* mais tous agiffent & parlent d'après ce fentiment plus ou moins développé. Tous fe prennent tacitement pour la toife qui doit fervir de mefure commune, & femblables à ce tyran féroce qui étendoit les étrangers fur fon lit, & les mutiloit ou les alongeoit, de maniere qu'ils touchaffent jufte aux deux extrêmités, ils profcrivent fans ménagement, comme fans connoiffance, tout ce qui ne cadre pas avec leur petit favoir. Incapables de rien découvrir, ils ne veulent pas du mérite d'accéder aux découvertes des autres. Comment faire entendre raifon à un amour propre fi peu éclairé!

Cette façon de penfer s'affermit avec l'âge. Plus on s'eft perfuadé long temps qu'on favoit une chofe, mieux on croit en être inftruit, & plus on la juge digne d'être apprife. Or, les places des Corps font communément occupées par des perfonnes âgées, c'eft-à-dire, par des perfonnes fouverainement maîtrifées par l'habitude : si quelque bon esprit s'est soustrait à ce redoutable empire, il se croit trop foible pour attaquer avec succès les préjugés applaudis : il se tient donc tranquille pour ne pas se compromettre, & il laisse les abus s'éterniser. Il n'est donc pas vraisemblable que les corps se portent d'eux-mêmes à réformer leur routine, quelque vicieuse qu'elle soit. Ils ont soutenu avec acharnement la physique d'Aristote, contre Descartes, & ils n'ont admis la physique de ce dernier, que lorsque les gens éclairés de la nation l'abandonnoient, comme uniquement fondée sur l'imagination de l'Auteur, & contraire aux phénomenes de la nature, ou ne les expliquant que de la maniere la plus vague. Quoique ces expériences se répétent de temps en temps, les corps ne se corrigent point ; ils ne se défient en aucune maniere dans le moment présent, de ce que la génération future les forcera d'abandonner. Ce n'est pas qu'ils ne renferment dans leur sein des personnes à talens qui voyent la source des maux & les remedes, mais il est rare qu'ils soient assez intrigants pour parvenir aux charges, ou s'ils les obtiennent, c'est à l'âge où l'ame froissée par les injustices des hommes, se replie sur elle-même, & n'estime plus assez ses semblables pour leur faire des sacrifices. Malheureuſement pour le genre humain, cet âge vient bientôt pour le commun des hommes, de ſorte que la volonté & le pouvoir de faire le bien, ſe trouvent rarement réunis. Faut-il en effet avoir vécu long-temps? Faut-il avoir bien réfléchi, pour s'être convaincu que les hommes en général n'aiment pas plus la vérité que les particuliers : que dans les objets les moins importans, ſes regards les importunent & les offenſent, & que l'imprudent qui oſera la leur préſenter, en portera la peine toute ſa vie. Heureux encore ſi quelque ame honnête, convaincue de la juſteſſe de ſes vues & de la droiture de ſes intentions, jette en ſecret quelques fleurs ſur ſa tombe, & verſe des larmes d'attendriſſement ſur ſa cendre inſenſible; mais que de ſon vivant il ne s'attende qu'aux tracaſſeries & aux perſécutions. On ne ſera ſans doute pas ſurpris après cela que peu de perſonnes veuillent à ce prix éclairer leurs ſemblables, & que nous ſoyons encore menés avec les liſieres & le bandeau du treizieme ſiecle; mais ce qui devroit un peu nous étonner, c'eſt d'être, dans l'inſtruction de la jeuneſſe, moins raiſonnables que les gens des ſiecles que nous mépriſons : rien de plus vrai cependant.

Dans ces temps d'ignorance, tout,

jusqu'aux actes des particuliers, s'écrivoit en Latin, ou plutôt dans un jargon barbare qu'on qualifioit de ce nom. Apprendre ce jargon, c'étoit communément ce qu'on appelloit apprendre du Latin : on pouvoit donc avec quelque fondement, le traiter à peu près comme une langue vivante, & se contenter d'expliquer par des circonlocutions, les mots qui n'étoient pas connus des enfans. C'est ce que faisoient également les personnes qui s'élevoient jusqu'à l'explication des Auteurs de la bonne latinité. Lorsque l'usage de la langue Romance fut devenu plus général, les personnes qui voulurent contracter ensemble, s'expliquerent dans cette langue; le Tabellion ou le Clerc qui en faisoit les fonctions, écrivit donc leurs intentions en Romance, & les traduisit ensuite en Latin. Les écoles avoient alors cela de bon, qu'elles se rapportoient un peu aux usages de la vie; elles s'exercerent donc à ce genre de traduction, & voilà l'origine des thêmes, dont nous voulons occuper d'abord les enfans contre les indications les plus claires de la nature, & l'autorité la plus uniforme de tous les gens de lettres, comme je crois l'avoir démontré. Il ne me reste donc plus qu'à exposer les moyens que j'ai crûs les plus propres à donner facilement aux enfans une connoiſſance ſolide & profonde de la langue Latine. Cette méthode n'eſt pas de mon invention, elle eſt de M. du Marſais, que les perſonnes éclairées de la nation, reconnoiſſent pour un des Grammairiens les plus philoſophes. C'eſt à lui qu'en eſt dûe toute la gloire : pour moi, je ſerai ſuffiſamment dédommagé de mes peines, par la ſatisfaction d'avoir facilité l'étude aux enfans, & de leur avoir rendu moins pénible & plus profitable le temps de leur jeuneſſe.

Le livre élémentaire deſtiné aux Commençans, contient ce que Pline a dit de plus vrai & de plus intéreſſant ſur l'Hiſtoire naturelle. Je crois cette matiere plus analogue que toute autre aux idées des enfans, & j'en ai dit les raiſons ailleurs; je les ai cependant initiés à cette ſcience, en les occupant d'abord des animaux qui leur étoient le plus connus: je me ſuis en cela écarté de la marche de Pline; mais je l'ai ſuivie pour les végétaux & les minéraux, parce que les enfans étoient déjà familiariſés avec les objets de l'Hiſtoire naturelle, & que dans tout ouvrage, le plan eſt ce qui me paroît le plus propre à caractériſer le génie de l'Auteur.

Dans le livre de préparation, le texte

de Pline occupe les premieres lignes du verſo d'une page, & vis-à-vis ſe trouve une traduction libre, mais cependant auſſi littérale, qu'il a été poſſible de la faire, ſans choquer le génie de notre langue; l'un étoit néceſſaire pour approcher du ton de l'original, & l'autre, pour en faciliter l'intelligence aux enfans. C'eſt dans cet eſprit que je l'ai faite, & c'eſt pour cela que j'ai toujours préféré l'exactitude à l'élégance. Inutilement donc y chercheroit-on autre choſe, je ne l'y ai pas voulu mettre. Je me croirai même très-heureux, ſi j'ai réuſſi dans ce que je me ſuis propoſé.

Au-deſſous du texte & de la traduction, eſt placé le Latin conſtruit & ſuppléé traduit mot-à-mot. Un mot latin eſt quelquefois ſuivi de pluſieurs mots françois ſéparés par des traits d'union : le premier eſt le plus ordinairement le ſens propre du mot, c'eſt-à-dire, ſon ſens phyſique, & les autres ſont les nuances par leſquelles on eſt paſſé au ſens qu'a ce mot dans l'endroit où il eſt placé. Je ſuis obligé d'avouer ici que ſoit mauvaiſe honte, ſoit envie de familiariſer le Public avec la nouvelle méthode, je n'ai pas, dans les commencemens, préſenté toujours crument le ſens phyſique d'un mot. Je me ſuis, à la vérité, enhardi insensiblement; mais ce n'est que dans les végétaux & les minéraux, que j'ai supposé mes lecteurs assez aguerris pour n'avoir pas besoin de ménagement.

Voilà à quoi j'ai réduit le livre de préparation. Je me propose d'y joindre des notes, pour expliquer certains procédés particuliers, développer quelques détails, & relever un petit nombre d'erreurs de Pline, que le contexte ne m'a pas permis d'ometrre; mais pour que ces observations soient mieux appliquées, je veux attendre qu'on ait fait usage de mon travail, & que l'expérience ait déterminé avec précision leur véritable place. Malgré ces additions, il y manquera encore trois articles nécessaires à la parfaite intelligence des Auteurs: c'est la décomposition des mots, le rapprochement de ceux qu'on regarde communément comme synonymes, & les nuances par lesquelles, en partant de la traduction de. mot à mot, on parvient à la traduction libre. Les deux premiers articles étoient en grande partie exécutés, lorsque j'appris qu'on venoit de publier des synonymes Latins approuvés par l'Université. Cette circonstance me rappella que M. de Gébelin ne tarderoit pas à faire imprimer un Dictionnaire Etymologique Latin. Ces deux ouvrag.s remplissant surabondamment mes vues, j'ai mieux aimé y renvoyer, que de multiplier le nombre des volumes du livre élémentaire, & en rendre l'acquisition difficile à quelques parens. C'est ce même motif qui m'a empêché de songer jamais à donner toutes les nuances par lesquelles il faut faire passer les enfans, pour les mener du mot à mot à la traduction libre, cent pages de texte en eussent occupé mille dans le livre de préparation. Je crois cependant cette maniere de traduire, la seule propre à donner aux enfans une parfaite intelligence de ce qu'ils expliquent, & il est indispensable de s'y attacher; mais tout ce que je puis faire, c'est de rendre ma pensée sensible par des exemples, & je les prendrai du commencement du livre dont il est ici question.

Décomposition des mots. Le mot DOCILITAS est composé de la racine DOC *enseignement* & de la terminaison ILITAS *disposition à* : de sorte que sa traduction littérale est *à-l'enseignement-disposition* & en suivant le génie de notre langue, *disposition à l'enseignement* ou *à être enseigné*, *docilité*. TANTUS vient de TAM auquel on a joint la terminaison de l'adjectif. EST de HÊ bruit qui accompagne une respiration forte, signe de la vie & de l'existence, c'est de cette onomatopée que s'est formé le verbe, qui ſeul mérite ce nom à la rigueur, celui qui déſigne l'exiſtence. EQUUS de la racine ACQ, EQ *grand, compagnon* & de la terminaiſon US *l'être maſculin. Equus* ſignifie donc littéralement *le grand être maſculin, compagnon de l'homme ; ou le grand animal compagnon de l'homme.* On ne pouvoit mieux indiquer le cheval chez les peuples Nomades : les Arabes vagabonds & les Tartares vivent encore aujourd'hui dans la plus grande intimité avec leurs chevaux. UT, d'UTI, déſignant l'uſage, le but pour lequel on emploie une choſe, la maniere dont on l'emploie: UT ſignifie donc *de maniere que.* UNIVERSUS de EN ou UN *un*, de VERS *tourné* & de la terminaiſon US que nous avons déjà vue. *L'être tourné vers la choſe unique.*, c'eſt-à-dire, *le grand tout* ou ſimplement *tout.* EQUITATUS d'EQUUS *cheval* & de la terminaiſon ATUS *réunion, réunion de chevaux* ou *de cavaliers*, *cavalerie.* EXERCITUS d'EX *de*, ER *guerre*, & CITUS *excité, être tiré du peuple pour être excité à la guerre, être choiſi pour être préparé à la guerre, être diſcipliné pour la guerre, ſoldat, réunion de ſoldats, armée. Inveniatur* d'IN *dans*, de VEN *venue* & de la terminaiſon *atur* : les deux premieres parties de ce mot ſignifient *venue dans* ou *ſur une choſe, rencontre d'une chose* Quant à la troisiéme elle indique plusieurs rapports que nous considérerons séparément. 1°. En tant qu'au singulier elle indique qu'il n'est question que d'une seule personne : 2°. En tant qu'à la troisiéme personne elle indique que la personne dont il s'agit n'est ni celle qui parle, ni celle à qui l'on parle : 3°. En tant qu'au passif elle indique que la personne éprouve une action de la part d'une autre : 4°. Enfin, en tant qu'au subjonctif elle indique que cette action éprouvée est causée par une action ou un état exprimé précédemment. Je comptois achever la phrase, mais en voilà assez, je pense, & peut être trop. Je passe donc aux mots regardés comme synonimes, quoiqu'il n'y en ait point de tels à la rigueur.

Les différences entre *omnis*, *totus*, *cunctus* & *universus* sont bien légeres & bien fugitives. Pour les saisir un peu plus aisément, remarquons qu'*omnis* est opposé à *nullus* ou à *pauci*, *totus* à *pars*, *cunctus* à *sejunctus*, & *universus* à *singulus*. *Totus* réveillera donc l'idée d'un tout inanimé qui a des parties, d'un poids; *cunctus* l'idée d'un tout dont les parties peuvent se compter, & *universus* l'idée d'un tout dont toutes les parties conspirent au même effet. *Omnis* ſera le terme générique, il ſera donc plus vague & il déſignera un tout, & particulierement un tout dont les parties ſont animées, ſans rappeller à l'eſprit aucune des autres circonſtances dont nous venons de parler. *Exercitus, agmen, acies.* EXERCITUS *armée formée à la diſcipline.* AG-MEN, *choſe pouſſée, armée en marche.* AC-IES *direction en pointe, arrangement en pointe, armée rangée en bataille.* On voit ſouvent dans les Auteurs que les armées ſe rangeoient en coin. *Invenire, reperire, comperire, nanciſci.* IN-VENIRE *venir ſur une choſe, rencontrer, inventer.* PARERE *forcer une barre, un obſtacle qui empêchoit de paroître, faire paroître.* COM-PER-IRE *forcer enſemble un obſtacle qui empêchoit de paroître, faire paroître, découvrir.* RE-PERIRE *forcer de nouveau un obſtacle qui empêchoit de paroître, faire reparoître retrouver, trouver ce qu'on avoit perdu. Nanciſci* de NAC venant de NA. NA *fruit, tout ce qu'on fait naître.* NAC *faire naître des fruits, faire naître de quoi ſe nourrir, gagner ſa vie par ſon travail, trouver de quoi ſe nourrir, trouver la choſe la plus néceſſaire, trouver. Agitare, movere, ciere vibrare.* AG-ITARE *pouſſer ſouvent, agiter.* MOVERE *mouvoir.* CIERE *exciter.* VIBRARE *vibrer comme une corde d'inſ-*

trument, *mouvoir par vibrations*. *Saltus*, *saltatio*. SALTUS *saut*. SALTATIO *action de faire des sauts en mesure*, *danse*. *Cantus*, *canor*, *canticum*, *cantilena*, *cantamen*, *cantio*. CANTUS *chant*, *inflexion de la voix*. CANOR *son musical & retentissant*. CANTICUM *récit en musique*. CANTILENA *chanson*, *air*. CANTAMEN *chose chantée* ou *faite par le chant*. CANTIO *action de faire une chose par le chant*, l'un & l'autre signifie *enchantement*.

Nuances par lesquelles il faut conduire les enfans du mot à mot à la traduction libre. PREMIERE PHRASE, *premiere incise* : la docilité est si grande aux chevaux que--la docilité des chevaux est si grande que--les chevaux sont d'une si grande docilité que--les chevaux sont de la plus grande docilité. *Seconde incise* : la Cavalerie entiere de l'armée des Sybarites est trouvée accoûtumée à se mouvoir-on trouve que la Cavalerie entiere de l'armée des Sybarites étoit accoutumée à se mouvoir-on trouve dans la bouche de tout le monde que toute la Cavalerie de l'armée des Sybarites se mouvoit habituellement-on dit que toute la Cavalerie de l'armée des Sybarites se mouvoit. *Suite de la seconde incise* : par une certaine danse-par certains mouvemens de danse-en dansant-en cadence. *Seconde ſuite de la ſeconde inciſe* , au ſon de la ſymphonie-au ſon des inſtrumens qui produiſent la ſymphonie-au ſon des inſtrumens. SECONDE PHRASE , *premiere inciſe* : les mêmes chevaux preſſentent le combat-ils preſſentent le combat. *Seconde inciſe* : ils pleurent leurs maîtres perdus -ils s'affligent de la perte de leurs maîtres -ils regrettent leurs maîtres. *Troiſiéme inciſe* & ils verſent de tems en tems des larmes par le regret de leurs maîtres perdus-& ils verſent quelquefois des larmes du regret d'avoir perdu leurs maîtres -& ils donnent quelquefois des larmes à leur perte.

Je ne doute pas qu'avec toutes les précautions dont je viens de parler, on ne puiſſe faire entendre à un enfant l'Auteur le plus difficile : la choſe deviendra donc aiſée, ſi l'ouvrage roule ſur des ſujets à la portée des enfans, tels que ſont ceux de l'Hiſtoire naturelle, que l'on peut voir & toucher. Or, c'eſt ce que renferme l'extrait que nous leur préſentons.

Lorſqu'on voudra apprendre le Latin à un enfant, par le moyen de ce livre, on lui fera lire dans la traduction ce qu'on veut lui donner à préparer, juſqu'à ce qu'on voye qu'il l'entend parfaitement. On lui montrera alors au bas des pages le Latin conſtruit & ſuppléé traduit de mot à mot, & on lui indiquera l'uſage qu'il en doit faire. On lui mettra en même-temps entre les mains la premiere partie du livre deſtiné à rendre compte, & qui ne contient que le Latin conſtruit & ſuppléé. Il ſera donc le maître de lire une phraſe dans le livre de préparation, & d'eſſayer autant de fois qu'il le jugera à propos ſur le livre de reddition de compte, ſi la vue du mot Latin rappelle à ſa mémoire le mot ou les mots François qui y correſpondent. Lorſqu'il ſe croira ſuffiſamment préparé, on lui fera rendre compte, & on ſe bornera pendant quelques ſemaines, ou même quelques mois, à lui faire dire les mots François à la ſuite des mots Latins. Quand cet exercice lui ſera devenu un peu familier, on le fera expliquer ſur le Latin conſtruit & ſuppléé, comme on le fait ſur un Auteur quelconque, c'eſt-à-dire, qu'on lui fera lire une phraſe Latine; & comme la conſtruction eſt faite & ſuppléée, il ſera diſpenſé de faire l'un & l'autre; mais on exigera qu'à la ſuite d'un mot Latin, il répéte tout ce qui ſe trouve dans le livre de préparation. On reprendra enſuite chaque inciſe: & à l'imitation de ce que j'ai fait pour les mots, en partant de la traduction du mot à mot, on paſſera par des nuances inſenſibles à la traduction libre. Chemin faiſant, on décompoſera quelques mots, & on rapprochera quelques ſynonymes, en ſe bornant toujours à ce qui peut être aiſément ſaiſi par les enfans. C'eſt un conſeil que je prie d'étendre à tout ce que j'ai dit & pourrai dire par la ſuite.

Quand les enfans auront expliqué aſſez long-temps, pour avoir remarqué qu'un même mot prend pluſieurs terminaiſons, on leur fera apprendre les déclinaiſons & les conjugaiſons, mais ſans ſe preſſer, car on doit s'en tenir à cette partie du Rudiment, juſqu'à ce qu'on ait expliqué & revu tout le Latin conſtruit & ſuppléé, & on doit encore ſe regarder comme heureux ſi on a pu dans ce tems faire comprendre aux enfans l'uſage & l'effet de ces différentes terminaiſons. S'il eſt quelque moyen d'y parvenir, c'eſt en leur faiſant obſerver par un grand nombre d'exemples qu'on eſt obligé d'exprimer le rapport d'une choſe avec une autre : ſoit par exemple le rapport de propriété, que nous exprimons par une prépoſition, comme lorſque nous diſons *le livre de Pierre*, les Romains l'exprimoient par un petit changement fait à la fin du nom du propriétaire, & ils diſoient *liber Petri*, cette terminaiſon a dans les déclinaiſons un nom & un rang que l'on montre à l'enfant, & si on lui ajoute que ces terminaisons qui paroissent prodigieusement multipliées, se trouvent réellement réduites à un très-petit nombre, au moyen des classifications qu'on en a faites; il verra que cette connoissance lui facilitera l'étude de la langue dont il s'occupe, & il les apprendra plus volontiers & plus facilement encore, à mesure qu'on lui en fera connoître l'usage. Mais sur-tout point d'obstination, point d'impatience: lorsqu'on ne se fait pas entendre à ses Eleves, & qu'après de vains efforts, on ne porte pas la lumiere dans leur esprit, on a tort; il faut le sentir, faire comme si on n'avoit rien dit, & continuer son chemin, en attendant patiemment que de nouvelles idées ayent préparé les voies à celles qu'on vouloit leur présenter.

Puisque nous en sommes au Rudiment, c'est le lieu d'indiquer celui que je juge le meilleur. Mon jugement ne sera pas suspect: je ne fais que répéter celui de l'Université. Elle a approuvé, il y a environ trois ans, la *grammaire Latine* de M. Goulier. Je conseille de s'en servir, non que je la croye parfaitement exacte; mais c'est la meilleure que je connoisse, & j'espere que les Maîtres se donneront le plaisir de lire Messieurs des Brosses & Gebelin. La moindre utilité qu'ils puissent en retirer, c'eſt de ſe mettre en état de redreſſer ou perfectionner les vues de M. Goulier.

On n'attendra pas que les enfans ayent commencé à apprendre les déclinaiſons, pour les faire compoſer en explication. Dès qu'ils auront expliqué huit ou dix pages du Latin conſtruit & ſuppléé, pour les engager à s'en occuper habituellement, on leur fera une ou deux fois la ſemaine, traduire un endroit qu'ils auront expliqué, & on leur en donnera les places. Tantôt on ſe contentera de la traduction, tantôt on exigera qu'ils l'amenent par des nuances inſenſibles, quelquefois même on les obligera à y joindre le rapprochement des ſynonymes qu'on leur aura donnés, & les mots qu'on leur aura décompoſés. On entend bien, ſans doute, que lors de ces compoſitions, on les réduira à leur livre de reddition de compte. Quant à la maniere de les occuper chez eux où ils auront le livre de préparation, on leur donnera pour devoir à préparer, comme je l'ai déjà dit, un ou pluſieurs a-linea, & à rapporter à la claſſe ſuivante, tout ce qu'on leur aura dit à l'occaſion de ce qu'ils avoient préparé précédemment, & qui ne ſe trouve pas dans leur livre. Ce ſera auſſi une bonne pratique d'exiger qu'ils copient dans la traduction libre ce qu'on doit leur donner à préparer; ils ſeront dispensés par-là de porter leur livre de préparation en classe ; & si on leur corrige assidûment ces transcriptions, ils apprendront l'orthographe, chose qu'on apprend rarement bien à un âge avancé.

On ne mettra les enfans au texte de Pline, que lorsqu'ils seront imperturbables dans tout le Latin construit & suppléé. Ils pourront commencer alors la Syntaxe; & lorsqu'ils auront vû l'analyse que donne Goulier, du commencement de l'Histoire Romaine d'Eutrope, on les exercera à ce genre de travail qui leur donnera lieu de faire l'application de leurs connoissances grammaticales, & qui les leur fixera par conséquent dans la tête. Il sera bon également de choisir quelques phrases faciles de leur Auteur, de les leur dire en François, & d'en exiger le Latin. Quand ils seront un peu accoûtumés à cet exercice de vive voix, on leur dictera un morceau de la traduction de Pline, & on le leur fera mettre en Latin : les Ecoliers auront un modele auquel ils pourront comparer leur travail.

Il est à croire que les enfans ne seront pas long-temps occupés du texte de Pline, sans s'appercevoir que la construction du Latin est très différente de celle du François. Cette différence dépend presque uniquement de ce qu'une de ces langues a des cas, & que l'autre n'en a pas. Nous ne pouvons indiquer le rapport des mots que par l'ordre dans lequel nous les arrangeons; les Romains au contraire indiquoient ce rapport par les terminaisons : ils n'étoient donc pas astraints à une marche aussi uniforme que nous. Il ne faut cependant pas s'imaginer que cet arrangement fût absolument arbitraire, il étoit au contraire très-déterminé, & par l'ordre dans lequel il importoit de présenter ses idées, & par des motifs de goût, & à raison de l'harmonie à laquelle le Peuple même étoit on ne peut pas plus sensible. C'est ainsi que quoique nos articles se déclinent & que nous disions en conséquence, à la maniere des Romains, *il le lui donne*, nous ne pouvons pas dire cependant *il le donne lui*, ni *il lui donne le*, ni *il donne le lui*, ni *il donne lui le*, ni même *il lui le donne*. Il est, pour le dire en passant, dans notre langue, comme dans toutes les autres, beaucoup de choses que tous les gens de goût sentent, savent & pratiquent, & qui ne sont cependant & ne seront jamais consignées dans aucun livre, & qui seront par conséquent ignorées de la postérité, lorsque notre langue ne sera plus vivante.

Ceci montre, ce me semble, combien est frivole la prétention de ceux qui croyent écrire comme Terence, Cicéron,

Virgile & Horace; & qui ne sauroient approcher de nos grands Auteurs, ni même écrire en François quatre pages d'une maniere supportable. Aussi ne faudroit-il pour rendre leurs productions Latines ridicules, que se donner la peine de les traduire. Ils ne nous paroissent donc imiter tous les illustres Ecrivains qu'a produits Rome dans tout le temps de sa gloire, que parce qu'ils n'en imitent réellement aucun, & que nous n'avons point de régle pour les apprécier. Je ne doute pas que si ces grands Orateurs Latins parloient devant les Harangeres de Rome, du temps de Ciceron, ils n'eussent le désagrément de les entendre s'écrier: *quel est donc ce Barbare, qui estropie ainsi notre langue*? Cette croyance n'est pas de ma part une supposition gratuite, elle est fondée sur l'autorité de Muret, qui passe pour avoir le mieux écrit en Latin dans ces derniers temps. Voici comment il s'exprime dans sa défense de Tacite.

Qui sommes-nous, nous autres Latinistes modernes, pour nous ériger en Censeurs d'un Ecrivain de ce mérite? .... Nous ririons d'un Allemand ou d'un Polonois, qui ne sachant d'Italien que ce qu'il en auroit appris dans deux ou trois livres, n'ayant d'autre Dictionnaire que le catalogue des mots qu'il en auroit re-

cueillis, traiteroit de Barbare le langage d'un habile Florentin, parce qu'il y remarqueroit des mots qui ne ſe trouveroient pas dans cet admirable vocabulaire. Sommes-nous moins ridicules, lorſque nous critiquons ſur leur propre langue des hommes, dont LES CUISINIERS ET LES PALFRENIERS SAVOIENT MIEUX LE LATIN QUE NOUS NE LE SAURONS JAMAIS?

Puiſque nous ne pourrions, quelque peine que nous nous donnaſſions, écrire auſſi bien en Latin que parloient les Cuiſiniers & les Palfreniers des Romains, ne nous tourmentons pas inutilement de cette fantaiſie : bornons nous à entendre leurs bons Auteurs, de maniere à nous rendre propres leurs idées, & croyons-nous encore plus heureux de beaucoup que ſi nous avions logé tous leurs mots dans notre tête : ce ne ſont pas les mots, ce ſont les idées qui forment l'eſprit : & c'eſt à quoi tend tout ce que j'ai conſeillé juſqu'à préſent.

La traduction de mot à mot donne le ſens phyſique du mot, & les nuances par leſquelles on eſt paſſé d'une ſignification à l'autre. On n'apprend donc pas ſeulement les différens ſens d'un mot, on voit encore, on entrevoit du moins la marche de l'eſprit humain dans le développement ſucceſſif du langage. Elle rend en outre ſenſibles les tournures particulieres au Latin. La décompoſition des mots les ramenant à leurs élémens primitifs, en fait ſentir l'énergie, & réduit toute une langue à un petit nombre de clefs. Le rapprochement des mots regardés comme ſynonymes, indiquant les nuances ſouvent légeres qui les diſtinguent, montre qu'il n'eſt dans aucune langue aucun mot inutile, & que chacun a un emploi fixe & déterminé. La conſtruction ſuppléée, préſente les ellipſes en caracteres différens du texte: elle indique donc & le génie & l'uſage du Latin, & la marche des langues Latine & Françoiſe. Enfin les nuances par leſquelles on paſſe du mot à mot à la traduction libre, rapproche l'un & l'autre, de maniere qu'on voit toujours le chemin que l'on fait, & les points de départ & d'arrivée.

Un enfant inſtruit par cette méthode, ſaura donc plus que la ſignification des mots Latins, les ellipſes, les Latiniſmes & les inverſions, quatre choſes auxquelles ſe réduit la connoiſſance du Latin, ſuivant M. du Marſais. Il ſaura donc cette langue auſſi bien que puiſſe la ſavoir un moderne; & s'il ſe préſentoit quelque occaſion rare de l'ecrire, familiariſé, comme il le ſeroit, avec les bons Auteurs, il y réuſſiroit ſûrement beaucoup mieux que les personnes routinées au méchant Latin des Grammairiens. Mais je m'arréte à de bien petits avantages. Ce que je crois vraiement utile, c'est qu'on ne présente aux enfans que des choses qui sont à leur portée, & qu'on ne leur fait faire d'observations que sur ce qu'ils ont vû & revû nombre de fois : leur esprit, loin d'étre rétréci, comme par la méthode contraire, doit donc prendre tout le développement dont il est susceptible : & voilà, je ne saurois trop le redire, ce qu'on doit se proposer dans toute instruction. Voilâ ce qui m'a donné le courage de m'exposer aux clameurs d'un certain public. Si les peres me blâment aujourd'hui, leurs enfans me loueront, lorsqu'ils pourront comparer leur éducation à celle de leurs contemporains. Du reste je ne crains ni le blâme des uns, ni ne cherche les louanges des autres : c'est assez pour moi de leur avoir fait du bien.

Ces avantages répondent d'avance à toutes les objections qu'on pourroit faire, je ne crois pas cependant devoir dissimuler les deux plus fortes qu'on ait proposées à M. du Marsais. On craignoit que la traduction de mot à mot, & la construction suppléée, n'accoutûmassent les enfans à un mauvais François & à un mauvais Latin.

A M. Pluche près, qui traduiroit le commencement de notre extrait, *docilité ſi grande eſt aux chevaux que l'entiere de la Sybaritaine armée cavalerie au de la ſymphonie chant par danſe certaine être mue accoutumée ſoit trouvée*, ce qui n'eſt pas, je penſe, un excellent François, tout le monde convient qu'il faut faire la conſtruction & expliquer mot à mot J'ai donc fait par écrit, ce qu'on ne fait que de vive voix; mais j'ai procuré par-là aux enfans la facilité de voir & de revoir ce qui leur ſeroit échappé, & de ſe préparer autant qu'ils le jugeroient à propos. Voilà qui répond aux deux objections réunies. Si on les ſépare, elles n'en feront pas plus fortes. Il n'eſt pas d'enfant qui ne ſache qu'on ne dit pas en François *l'armée des Sybarites eſt trouvée ſe mouvoir*: & s'il étoit dans cette erreur, il n'y ſeroit pas long-temps, puiſqu'on lui donne tout de ſuite la bonne traduction; cette maniere de traduire ne peut donc pas nuire aux enfans, elle leur fait au contraire connoître les Latiniſmes, c'eſt-à-dire, les façons de parler particulieres aux Romains. Quant à ce qui regarde le Latin de la conſtruction ſuppléée, il n'eſt pas de mon invention; je ſupplée ſeulement en toute occaſion, ce que les meilleurs Auteurs ont exprimé quelquefois dans des cas tout ſemblables: ce Latin vaudra donc encore un peu mieux que celui des commençans, & il a l'avantage de leur faire ſentir, comme nous l'avons dit, ce que le génie de la langue Latine exigeoit que l'on ſous-entendît, & ce que l'uſage vouloit que l'on exprimât.

Cette Préface, comme on a pu le remarquer, ſe diviſe en trois parties : la premiere contient quelques-unes des autorités favorables à la nouvelle méthode : la ſeconde, en renferme les raiſons : & la troiſieme, la pratique. Quelque étendue qu'elle ſoit, elle laiſſera ſans doute beaucoup de choſes à deſirer. Mais je ſuis prêt à donner aux Maîtres tous les éclairciſſemens qu'ils demanderont. Je penſe au reſte que ſi à la formation méchanique des langues de M. le Préſident des Broſſes, & à la grammaire de M. de Gebelin, ils joignent les ouvrages de M. du Marſais, & les liſent avec réflexion, ils y trouveront toutes les lumieres dont ils peuvent avoir beſoin.

Chaque épreuve de l'extrait de Pline, a été lue neuf ou dix fois au moins, & cependant il y a encore quelques fautes. Mais, comme les mémes choſes ſont imprimées pluſieurs fois, elles ſe redreſſeront mutuellement. Je me propoſe au reſte de donner un *errata*, & je prie les Maîtres de m'indiquer les fautes qu'ils auront remarquées.

www.ingramcontent.com/pod-product-compliance
Ingram Content Group UK Ltd.
Pitfield, Milton Keynes, MK11 3LW, UK
UKHW020348180726
13839UKWH00002B/992